Дина Избастова

Как быть всегда здоровой и стройной!

Дина Избастова

Как быть всегда здоровой и стройной!

Заметки гастроэнтеролога и диетолога

Bloggingbooks

Impressum / Выходные данные
Bibliografische Information der Deutschen Nationalbibliothek: Die Deutsche Nationalbibliothek verzeichnet diese Publikation in der Deutschen Nationalbibliografie; detaillierte bibliografische Daten sind im Internet über http://dnb.d-nb.de abrufbar.
Alle in diesem Buch genannten Marken und Produktnamen unterliegen warenzeichen-, marken- oder patentrechtlichem Schutz bzw. sind Warenzeichen oder eingetragene Warenzeichen der jeweiligen Inhaber. Die Wiedergabe von Marken, Produktnamen, Gebrauchsnamen, Handelsnamen, Warenbezeichnungen u.s.w. in diesem Werk berechtigt auch ohne besondere Kennzeichnung nicht zu der Annahme, dass solche Namen im Sinne der Warenzeichen- und Markenschutzgesetzgebung als frei zu betrachten wären und daher von jedermann benutzt werden dürften.

Библиографическая информация, изданная Немецкой Национальной Библиотекой. Немецкая Национальная Библиотека включает данную публикацию в Немецкий Книжный Каталог; с подробными библиографическими данными можно ознакомиться в Интернете по адресу http://dnb.d-nb.de.
Любые названия марок и брендов, упомянутые в этой книге, принадлежат торговой марке, бренду или запатентованы и являются брендами соответствующих правообладателей. Использование названий брендов, названий товаров, торговых марок, описаний товаров, общих имён, и т.д. даже без точного упоминания в этой работе не является основанием того, что данные названия можно считать незарегистрированными под каким-либо брендом и не защищены законом о брендах и их можно использовать всем без ограничений.

Coverbild / Изображение на обложке предоставлено: www.ingimage.com

Verlag / Издатель:
Bloggingbooks
ist ein Imprint der / является торговой маркой
OmniScriptum GmbH & Co. KG
Heinrich-Böcking-Str. 6-8, 66121 Saarbrücken, Deutschland / Германия
Email / электронная почта: info@bloggingbooks.de

Herstellung: siehe letzte Seite /
Напечатано: см. последнюю страницу
ISBN: 978-3-8417-7155-1

Copyright / АВТОРСКОЕ ПРАВО © 2013 OmniScriptum GmbH & Co. KG
Alle Rechte vorbehalten. / Все права защищены. Saarbrücken 2013

Введение

Давайте познакомимся. Меня зовут Избастова Дина Курбановна. Вот уже около 30 лет работаю врачом - терапевтом, последние 15 лет специализируюсь еще и в гастроэнтерологии.

Я училась и окончила Алма-Атинский государственный медицинский институт (сейчас - Казахский Национальный медицинский университет имени С.Д.Асфендиярова). Но, окончив институт, не закончила свое обучение. В медицине, чтобы быть хорошим специалистом нужно постоянно читать. Раньше для этого покупала книги и выписывала журналы по своей специализации. Сейчас учиться стало проще, так как можно пользоваться Интернетом. И все новейшие разработки и достижения можно узнавать, как говориться, из первых рук.

Потом работала цеховым терапевтом, врачом-ординатором в терапевтическом отделении, значительно позже - в гастроэнтерологическом отделении, участковым терапевтом, врачом страховой компании. В разных городах, и даже странах. Поэтому хорошо знаю и поликлиническую службу и стационар. Последние годы живу и работаю в Алматы.

Оглавление.
1. Болезни человека
2. "Пусть пища ваша будет вашим лекарством"
3. Здоровый образ жизни.

Болезни человека.

Боль в правом подреберье

Бытует мнение, что если под правым ребром что-то болит, то это печень. Причем так думают не только пациенты. Так зачастую думают и врачи.

А ведь все не так уж и однозначно. Существует даже такой термин – «синдром правого подреберья». И включает в себя довольно большой список заболеваний. Ведь если разобраться, то в правом подреберье находиться очень много органов.

1. Начнем с печени. Так как чаще всего на нее и думают. В первую очередь, это различные гепатиты, циррозы, паразитарные поражения печени и так далее. Боль дает увеличенная печень, очень часто сопровождается желтухой.
2. Желчный пузырь. Камни в желчном пузыре очень часто дают боль в правом подреберье.
3. 12-типерстная кишка и пилорический отдел желудка. Именно здесь чаще всего располагаются язвы, эрозии. Но даже если их нет, то простой воспалительный процесс этих областей тоже может дать боль.
4. Головка поджелудочной железы. Хронический панкреатит не всегда дает известные всем опоясывающие боли. Если развивается так называемый «головчатый» панкреатит, то боли будут появляться в правом подреберье.
5. Правая почка. Чаще всего камни бывают причиной болей. В моей практике был случай, когда в гастроэнтерологическое отделение поступила женщина с болями в правом подреберье. Думали – печень. Но после обследования и наблюдения за пациенткой обнаружили 2-х-сантиметровый камень в правой почке.

6. В этой области находится и толстый кишечник. И при наличии аномалии развития сюда может «дотянуться» аппендикс. Хирурги вам скажут, что в этом случае диагноз острого аппендицита поставить бывает очень непросто.
7. И последняя причина – это иррадиирующие боли из других органов – позвоночника, легких, сердца, органов малого таза. Орган болеет в одном месте, а боли вы ощущаете совсем в другом.
8. Так что поставить правильный диагноз в этом случае бывает очень сложно. И тогда нужно мнение ни одного специалиста. Иногда собираются целые консилиумы – это когда приглашаются 3 – 4 специалиста в разных областях медицины. И совместными усилиями выставляется диагноз. И такое бывает.
9. Но сначала надо все-таки обследоваться. Начинают с обычных клинических анализов крови и мочи, потом – биохимические анализы, УЗИ, фиброгастроскопия (ФГДС), рентгеновские методы обследования и далее уже по необходимости.

Диарея путешественников

Путешествия всегда несут яркие впечатления, массу положительных эмоций. Наверно, трудно найти человека, которому бы не нравились они. Сейчас практически весь мир открыт для поездок. Но вместе с этой положительной стороной, к сожалению, существует и не очень приятная. Посещая чужеземные страны, туристы сталкиваются с «заморскими болезнями», которые на Родине практически не встречаются.
Одна из них так и называется – **диарея путешественников**. И характеризуется появлением жидкого неоформленного стула 5 – 6 раз и более за день, боли в животе, чаще схваткообразного характера, может быть тошнота и рвота, повышение температуры, головная боль, общая слабость.

Отчего же возникает такое состояние? А связано это с тем, что человек инфицируется микроорганизмами необычными для его организма. Происходит это тогда, когда в пищу употребляются загрязненная вода, напитки и лед из такой же воды. Если фрукты или овощи помыть такой водой, то они тоже становятся источниками заражения. А также салаты, холодные закуски, мясные и рыбные блюда, непрошедшие достаточную термическую обработку или сырые, морепродукты, не пастеризованное молоко, молочные продукты, мороженое.

Чаще подвержены таким заболеваниям люди, неразборчивые к качеству пищи и месту питания, не соблюдающие правил личной гигиены, страдающие определенными хроническими заболеваниями желудка и кишечника, иммунодефицитными состояниями.

Но что же делать, если, не смотря на все предосторожности, Вы все же заболели? Могу Вас успокоить, так как **диарея путешественников** заболевание с благоприятным прогнозом. Осложняется только при наличии сопутствующих заболеваний, а поэтому заканчивается выздоровлением к концу недели у большинства заболевших.

Поэтому, если заболевание сопровождается невысокой повышенной температурой (до 38°C), тошнотой без рвоты, диареей - жидким стулом 3 – 4 раза в день без примеси крови, то иногда достаточно увеличить количество потребляемой жидкости и посидеть дома на **диете № 4**. Нужно обязательно включить сюда «Регидрон» и «Имодиум» и ему подобные препараты. Но принимать их надо правильно. «Регидрон» разводится на 1л воды и принимается небольшими глоточками в течение суток. Таким образом восполняются потери электролитов с жидким стулом. «Имодиум» первый раз принимается в количестве 2-х таблеток, потом по 1 таблетке после каждого эпизода жидкого стула, но не более 8 таблеток в сутки.

А вот если у Вас высокая температура, рвота, частый жидкий стул и даже есть примесь крови в стуле, то тогда надо обязательно обратиться к врачу.

Профилактика диареи путешественников заключается в строгом соблюдении правил личной гигиены и пищевого режима. Питаться нужно только в отелях или ресторанах. Ни в коем случае не покупать продукты у уличных торговцев, особенно холодные напитки и салаты.

В поездках пить только горячие напитки (чай, кофе), бутилированную воду. Овощи и фрукты употреблять в очищенном виде.

И, наверное, перед поездкой не лишним будет посетить врача – терапевта или гастроэнтеролога и проконсультироваться по поводу того, что взять с собой из медикаментов и что делать, если все – таки заболели.

Как лечить жировой гепатоз

Жировой гепатоз, или жировая дистрофия печени, или стеатогепатоз – заболевание печени, которому в последнее время стали уделять внимание. Само заболевание протекает незаметно для больного, бессимптомно. Но заканчивается в итоге циррозом печени. А что такое цирроз, думаю объяснять не нужно.

Что происходит при жировом гепатозе? Как понятно из названия происходит накопление жира в клетках печени (это чтобы было понятно всем; на самом деле все значительно сложнее). Процесс происходит безболезненно, функция печени не страдает, только увеличиваются размеры печени. Мало кто на этой стадии догадывается о своей болезни. Если по какой-то причине не проходит УЗИ печени или его осматривает врач (вернее его живот). Вот тогда-то и обнаруживается увеличенная безболезненная печень.

А почему возникает жировой гепатоз? Если быть точным, то под этим названием скрываются два заболевания, протекающие абсолютно одинаково, но возникающие по разным причинам. Одно называется Алкогольный жировой гепатоз, а второе – неалкогольный жировой гепатоз. Как говорится, разницу улавливаете?

Алкогольный жировой гепатоз возникает про злоупотреблении алкогольными напитками. Это могут быть и водка, и коньяк, и только пиво, или только вино. Причем речь об алкоголизме не идет. Безопасная доза этанола (по рекомендации ВОЗ) приблизительно 30г, в пересчете на алкогольные напитки – это 50 мл водки или коньяка, 300 мл (бокал) вина, 500 мл пива. Превышение этих количеств вызывает патологические изменения в печени, поджелудочной железе, в головном мозге и других органах. Вредное воздействие алкоголя на печень носит название алкогольной болезни печени и делится на стадии: гепатоз, гепатит, цирроз.

А вот с неалкогольным жировым гепатозом все значительно сложнее. Причин для развития этого заболевания много.

1. Ожирение
2. Сахарный диабет 2 типа, особенно плохо компенсированный.
3. Белковое голодание по разным причинам (например, с целью снижения веса, заболевания тонкого кишечника).
4. Жировой гепатоз может развиться и при применении некоторый лекарств.

Чаще всего жировой гепатоз встречается у лиц, страдающих и ожирением и сахарным диабетом.

Очень часто среди наших больных наблюдается сочетание злоупотребления алкоголем с выше перечисленными причинами. Понятно, что сочетание нескольких причин, делает лечение весьма затруднительным, если не сказать невозможным. Так как применение лекарств дает свой результат, но иногда нежелание пациента избавиться от своей вредной привычки сводит на нет все усилия по лечению. И это надо понимать.

Поэтому, если вы хотите успешно решить эту проблему, то вам надо:
1. Прекратить употреблять алкоголь в любом виде
2. При наличии лишнего веса начать действия по его снижению и снизить вес до нормы.
3. При наличии сахарного диабета - полная компенсация сахаров.
4. Остальные причины встречаются значительно реже. Но тоже требуют по возможности устранить фактор, вызвавший гепатоз.

Медикаментозное лечение вам назначит гастроэнтеролог.

Кожный зуд

Кожный зуд известен всем. Комариные укусы, аллергические реакции обычно всегда сопровождаются кожным зудом. Все эти эпизоды быстропроходящи, иногда требуют кратковременного применения антигистаминных препаратов. Обычно население с ними справляется самостоятельно, не прибегая к помощи врачей. Благо аптек много, и лекарств в них – тоже.

Но иногда встречаются такие случаи, когда самостоятельно проблему решить не удается. Необходима помощь врача. И надо сказать, что в некоторых случаях и для опытного врача определение причины зуда бывает порой довольно сложной задачей. А нет правильного диагноза – нет успешного лечения.

Определимся сначала, что же такое кожный зуд. Википедия дает такое определение кожного зуда:

Зуд (лат. pruritis) — неприятное ощущение раздражения, жжения и покалывания в каком-либо участке кожи, вызванное различными причинами (воздействие химических веществ, бактерий, паразитов).

Ощущение зуда часто выражается в острой потребности потереть или почесать некоторый участок кожи (или слизистой).

Зуд появляется при многих заболеваниях. Это могут быть заболевания кожи аллергического характера, связанные с наличием паразитов (чесотка) и возрастными изменениями (так называемый «старческий зуд»).

Очень часто зуд может быть связан с некоторыми формами злокачественных заболеваний крови, эндокринной патологией. Сердечная недостаточность тоже может сопровождаться зудом. Меня же, как гастроэнтеролога, интересуют случаи возникновения кожного зуда, причиной которого являются заболевания желудочно-кишечного тракта. И причиной его является такое явление, как холестаз.

Холестаз – это застой желчи, который развивается в печени при различных заболеваниях печени и желчевыводящих путей. Не надо путать с тем застоем, который находят в желчном пузыре при УЗИ. До сих пор истинная причина появления кожного зуда при холестазе не выяснена, но ситуация от этого не становиться лучше. Порой зуд бывает таким мучительным, что кажется, только смерть может от него избавить.

Какие же заболевания могут привести к появлению зуда?

1. Гепатиты различной этиологии – вирусные, алкогольные, лекарственные, токсические
2. Первичный билиарный цирроз, первичный склерозирующий холангит
3. Холестаз беременных
4. Наследственные болезни – билиарная атрезия и болезнь Кароли.

Как видите, причин для появления кожного зуда очень много. Но разобраться с ними сможет только опытный врач. И назначить адекватное лечение сможет только он.

Обострение хронического панкреатита

Хронический панкреатит – серьезное заболевание поджелудочной железы. Проявляется сильными болями, рвотой, частыми поносами. Очень часто в результате воспаления паренхимы поджелудочной железы развивается сахарный диабет.
Каковы же основные причины хронического панкреатита?
1. Злоупотребление алкоголем. И при этом не обязательно быть алкоголиком. Достаточно выпивать 100 – 200 и более мл водки или коньяка за ужином. Вместо водки может быть пиво 3 – 4 – 5 и т.д. бутылок за один раз.
2. Хронический калькулезный холецистит тоже очень часто является причиной развития хронического панкреатита. Чтобы это не произошло, надо принимать меры по устранению этого заболевания.
3. Нелеченые или плохо леченые заболевания двенадцатиперстной кишки (12п.к.). И это причина, как мне кажется, становиться самой частой. Потому что потребление алкоголя постепенно снижается. В Европе алкоголь уже не считается самой главной причиной панкреатита. Это связано с изменением отношения к своему здоровью. Меняется оно и у нас, правда, значительно медленнее. А вот лечить гастрит, дуоденит своевременно у нас не принято. А наличие воспаления в луковице 12п.к. приводит к нарушению оттока из желчных и панкреатических протоков. Со временем вызывает калькулезный холецистит и панкреатит.
4. Это травмы, длительный прием таких лекарств, как парацетамол, тетрациклин, индометацин, бруфен, вирусные инфекции и другие.
Когда же следует думать о панкреатите?
1. Боли. Боли могут носить интенсивный характер, могут быть ноющими, вполне терпимыми. Продолжительность тоже может быть разной – от нескольких минут до нескольких часов. Чаще возникают через 1,5 – 2 часа после обильной, жирной или острой еды. Но если было

употребление больших доз алкоголя, то боли могут появиться и через 2 - 3 суток. Располагаются в верхней половине живота, не всегда носят опоясывающий характер.
2. Сильная тошнота, и даже рвота. Отрыжка, реже – изжога, снижение или отсутствие аппетита.
3. Одним из значимых симптомов является частый жидкий стул с кусочками непереваренной пищи, с неприятным запахом, плохо смываемый с унитаза. Иногда бывает, что кала выделяется больше, чем было съедено пищи.

Для правильной диагностики нужно обратиться к врачу, лучше к гастроэнтерологу. Доктор назначит вам индивидуальное обследование, которое обязательно будет состоять из общего анализа крови, определения уровня некоторых биохимических показателей. Инструментальное обследование обязательно должно включать в себя фиброгастродуоденоскопию (ФГДС) и УЗИ органов брюшной полости. Необходимость каких-либо других методов обследования решит доктор, ознакомившись с вашей историей болезни.

Лучше всего обращаться к гастроэнтерологу, так как этот специалист лучше знает, как лечить это серьезное заболевание.

Почему я не худею?

Этот вопрос многие женщины задают себе. Вроде бы ограничивают себя в еде, ходят на фитнес, занимаются танцами, бегают по утрам, но все равно вес никуда не двигается. Уже не знают, что и делать.
А дело в том, что очень часто забывают о некоторых заболеваниях, которые явно себя не проявляют, поэтому о них и не догадываются.
Одним таким заболеванием является гипотиреоз.
Гипотиреоз – это заболевание щитовидной железы, при котором происходит снижение ее функции. Связано это снижение с недостатком

йода в почве, воде и, как следствие в нашей пище. Не болеют этим заболеванием только жители морских побережий, потому что здесь йода с избытком. Жители континентальной части суши страдают от недостатка. При чем ситуация с йододефицитом постепенно ухудшается.

Щитовидная железа – одна из главных «скрипок» в оркестре, который носит название эндокринная система. От функции этой железы зависит работа других частей и организма в целом. Например, при избыточной работе щитовидной железы женщина может быть бесплодной, нервной, плаксивой и очень худой. А вот при снижении функции – наоборот отмечается увеличение веса, рыхлость подкожно-жировой клетчатки, медлительность. Но это лишь небольшая часть симптомов, которые наблюдаются при данных заболеваниях. Есть так называемая субклиническая форма, которая явно не проявляется. Диагноз можно поставить только при обследовании.

Почему же появляется гипотиреоз? Связан он с недостатком гормонов щитовидной железы в организме человека. И если это банальная нехватка йода, поступающего с пищей, то в этом случае у организма есть защитный механизм. Щитовидная железа начинает увеличиваться, чтобы за счет увеличения работающих клеток дать организму столько гормонов, сколько ему нужно. Увеличенную щитовидную железу бывает очень хорошо видно на передней поверхности шеи. В народе такое состояние называют зобом. Если при обследовании не выявлено отклонений в гормональном статусе, то такое состояние называется эндемическим зобом, эутиреозом. Нужно увеличить поступление йода с пищей. А это значит – применять йодированную соль и регулярно кушать морскую рыбу и морепродукты. Очень часто доктора назначают, или сами пациенты начинают применять йодомарин. Йодомарин – пищевая добавка, содержащая йодид калия. Обязательная к применению в группах риска: дети и подростки, беременные женщины.

Но, если, не смотря на все усилия, не удается выработать нужное количество гормонов, то развивается гипотиреоз. И тут уже нужна помощь доктора - эндокринолога. Потому что после проведенного обследования необходимо назначить лечение. И по ходу проводимого лечения будет лучше снижаться вес.

Хронические гастриты

Гастрит - это воспаление слизистой желудка. Причин для развития воспаления много. Самая частая причина - это микроб **Helicobacter pylori**, геликобактер пилори(если по-русски). Чисто человеческий микроб, у животных не встречается. Но очень хорошо передается от человека к человеку через загрязненную посуду, еду, как обычная кишечная инфекция. А потому распространенность этого микроба очень высокая, особенно в семье. Потому что правила личной гигиены, гигиены приготовления пищи соблюдают не все. В России распространение - до 75%. У нас никто не считал.

Кроме того, **гастрит** может развиться, если длительно принимать такие лекарства, как диклофенак, ацетилсалициловую кислоту и другие противовоспалительные препараты, преднизолон, калия хлорид, резерпин и его препараты. В этих случаях поражение слизистой возможно вплоть до эрозивно-язвенных изменений.
Слизистая желудка страдает и в том случае, если у пациента есть заболевания сердца (например, ишемическая болезнь сердца), сосудов головного мозга.
Перечислять заболевания и состояния, при которых страдает слизистая желудка, можно очень долго. Я перечислила наиболее часто встречающиеся. А у детей, лиц молодого и среднего возраста, не

страдающих какими-либо хроническими заболеваниями, на первый план все-таки выходит **Helicobacter pylori**.

Ну и что, скажете вы. У кого нет гастрита, у всех. Посижу на диете, и все пройдет. Правильно, боли пройдут. Для того и существует диета, чтобы прием пищи не вызывал болей, изжоги и другого дискомфорта. И одной диетой можно добиться даже заживления язвы. Только это будет нескоро. Некоторые годами сидят на диете. Ну, это выбор каждого. И все бы хорошо, если бы не одно НО...

Доказана роль **Helicobacter pylori** в возникновении некоторых форм рака желудка. Поэтому, когда мы избавляем пациента от этого микроба, мы занимаемся профилактикой онкозаболеваний. Чтобы избавиться от микробов надо принимать антибиотики. Это общеизвестно. Только антибиотики убивают микробы. Ни диета, ни травы. Причем определенные антибиотики. Какие? - вам скажет гастроэнтеролог, к которому вы обратитесь за помощью.

Эндоскопия желудка

Когда мы приходим на прием к гастроэнтерологу с болями в животе, то доктор говорит нам, что надо сделать фиброгастроскопию или эндоскопию желудка. И что делает большинство пациентов? Правильно, отказываются. Потому что страшно, потому что неприятно, потому что больно. И, как правило, чаще это бывают мужчины.

А ведь этот метод позволяет осмотреть пищевод, желудок, двенадцатиперстную кишку изнутри. Увидеть те изменения слизистой, которые другими методами не определишь. Вспомните, глазам мы доверяем больше, чем другим органам чувств. Кроме диагностики, этот метод позволяет остановить кровотечение, удалить полип и так далее. Практически не имеет противопоказаний. Даже при инсульте и инфаркте, если этого требует обстановка, возможен осмотр желудка.

Все остальные противопоказания относительные, то есть если очень надо, то можно.

Применяется фиброгастроскопия для диагностики гастритов, язв и эрозий желудка и двенадцатиперстной кишки, полипов, злокачественных опухолей. Кроме того есть ряд редко встречающихся изменений слизистой, обнаружить которые можно только при осмотре. Благодаря этому методу рак желудка стал опухоль видимой локализации (есть такой термин у онкологов), а значит, стала возможна ранняя диагностика.

Придуман и воплощен этот метод был в Японии. И сейчас эндоскопия там является обычной диагностической процедурой, как и в европейских странах. И поэтому 5-тилетняя выживаемость при раке желудка составляет 98%. Это значит, что из 100 больных раком желудка 98 человек доживают до 5 лет после лечения. А в Казахстане - только 36 человек. Потому что наших пациентов не загонишь на это обследование. Следовательно, о ранней диагностике говорить не приходиться.

Любой хронический воспалительный процесс рано или поздно приводит к злокачественным опухолям. Поэтому в Советском Союзе существовала диспансеризация. Сейчас ее нет, и, наверное, это правильно. О своем здоровье в первую очередь должен думать больной, а потом уже врач. Когда больной придет к нему сам, по собственному желанию, а не после многоразовых уговоров. Helicobacter pylori тесно связан с некоторыми видами рака желудка, по мнению экспертов ВОЗ. И в их рекомендациях одним из показаний к эрадикации (уничтожению) хеликобактера является наличие у кровных родственников рака желудка.

Вывод из всего этого один: когда вы обследуете и лечите свой гастрит или язву, вы занимаетесь предупреждением развития у Вас рака желудка!

И еще один момент. У эндоскопистов есть одна фишка, которая позволяет им быстро придать еще большую значимость своей персоне. Дело в том, что при наличии воспаления в желудке происходит нарушение моторики, то есть в желудке накапливается жидкость (слизь, желчь, желудочный секрет), которая вызывает чувство распирания и тяжести в верхней половине живота. И стоит только откачать эту жидкость из желудка, как вы почувствуете сразу легче: исчезнет тяжесть, а иногда и боль. Но без правильного лечения это все временно, через несколько часов снова накопится жидкость, и появятся те же симптомы.

И одно дело, если все это делается в качестве мероприятий, сопутствующих обследованию. Но иногда эти мероприятия оплачиваются отдельно и недешево. Что является нечестным по отношению к пациентам.

Что помогает от запора

Что такое запор знают, наверное, все. Очень нехорошая штука. Создает определенный дискомфорт в жизни, напрямую влияя на самочувствие. В силу принятых у нас приличий крайне неудобная тема для разговора с посторонним, даже если этот посторонний – врач. Поэтому каждый решает эту проблему по-своему, очень часто в ущерб своего здоровья. Но это ложная стыдливость. С врачом надо откровенно говорить и об этом. Поверьте, доктор способен вас понять и помочь.

Так что же такое запор? Каждый судит о нем по-своему. Но что говорят врачи? Для запора характерно увеличение интервалов между актами дефекации (опорожнения) по сравнению с индивидуальной физиологической нормой или систематическое недостаточное опорожнение кишечника, а также затруднения акта дефекации.

Для каждого человека характерна своя периодичность стула, здесь нет жесткого стандарта. Кто-то может ходить в туалет «по-большому» до 3 раз в сутки, а у кого-то этот поход осуществляется 1 раз в 3 дня, не вызывая неприятных ощущений и не требуя больших усилий. Обычно такие особенности носят семейный характер.

О запоре можно говорить тогда, когда сам процесс опорожнения требует значительных усилий – натуживаний; кал плотной консистенции; после дефекации остается ощущение неполного опорожнения кишечника. И все это сохраняется на протяжении 3-х месяцев.

Очень часто задержка стула сопровождается появление головной боли, слабости, вялости, повышением температуры, тошнотой, различными высыпаниями на коже, бессонницей, снижением аппетита и настроения. Все это происходит под влиянием тех токсических веществ, которые всасываются из толстого кишечника. Происходит самоотравление организма.

Различают запоры временные и постоянные. Причиной временных запоров служат изменения условий быта и характера пищи, наличие непривычных и некомфортных условий для дефекации (так называемые «запоры путешественников»). Запоры возможны под влиянием эмоционального стресса. Очень часто запоры наблюдаются у беременных женщин, особенно во второй половине беременности. Они связаны с теми физиологическими изменениями, которые происходят в организме беременной женщины.

Длительный постельный режим, прием некоторых лекарственных препаратов могут стать причиной запоров в стационаре. Как понятно из названия, это явление временное и после прекращения действия причины, стул нормализуется.

Временная задержка стула далеко не во всех случаях должна рассматриваться как признак какого-либо патологического состояния. Гораздо сложнее дело обстоит с хроническими запорами.

Самая частая причина - это неправильное питание и недостаточная физическая активность. Длительное употребление в пищу механически щадящей высококалорийной малообъемной пищи, отсутствие в рационе продуктов, содержащих грубую клетчатку или пищевые волокна, способствуют появлению запоров. Существуют продукты, которые обладают закрепляющим действием. Это крепкий кофе и чай, какао, творог, рис, гранаты, груши, айва, вяжущие продукты, шоколад, мучное. Причиной хронических запоров могут быть некоторые заболевания, такие как гипотиреоз, гиперпаратиреоз, долихосигма (врожденное увеличение длины сигмовидной кишки), хронический гастрит и функциональные нарушения со стороны желчевыводящей системы, нарушения нервной регуляции кишечника при синдроме раздраженной кишки и сахарном диабете 2 типа, склеродермии, миопатиях. Болезненная дефекация при наружном геморрое и анальных трещинах является фактором, усугубляющим запор. Это и понятно, кто захочет лишний раз терпеть боль. Вот и стараются ходить в туалет как можно реже. Еще больше усугубляя ситуацию.

Поэтому лечение запоров начинается с немедикаментозных методов:
Увеличение в рационе пищи с высоким содержанием клетчатки – различные фрукты и овощи в сыром виде, бахчевые культуры, морская капуста, рассыпчатые каши, хлеб из муки грубого помола, растительные масла. Пшеничные отруби, которые теперь можно купить в магазине. Уменьшить потребление творога, чая, кофе, какао, риса, шоколада, картофеля.

Соблюдать режим питания – 4-5 раз в день, начиная с завтрака. Объем выпиваемой ежедневно чистой воды должен составлять не менее 2 литров.

Достаточная физическая активность, которая улучшает перистальтику кишечника.

И самое сложное – соблюдение правил регулярного опорожнения кишечника. Обычно позывы на дефекацию появляются по утрам и после еды. Поэтому, если появилось желание, то надо все бросить и сходить в туалет, посидеть там. Но ни в коем случае не брать туда книги, газеты, телефоны или ноутбуки. А сосредоточиться на том процессе, ради которого Вы туда пришли. Если постоянно откладывать поход в туалет, или заниматься там посторонними делами, то вскоре мозг перестанет воспринимать сигналы от кишечника. И проблема с запорами только усугубиться.

Далее попробуем разобраться в огромном количестве слабительных средств. Некоторые из них очень вредны, и длительный прием наносит серьезный урон здоровью. Другие не обладают выраженными побочными эффектами, и их можно принимать длительное время. Но все равно надо постараться наладить работу кишечника, и обходиться без слабительных.

Слабительные средства относятся к разряду самых популярных лекарственных средств. Их, по-моему, знают даже дети. Их легко можно купить в аптеке. Только спросите. И аптекарь выложит перед Вами целую батарею разноцветных коробочек: выбирай – не хочу! Но мало кто знает, что не все слабительные так уж безобидны, как нам кажется. Начнем с того, что все слабительные можно разделить на две большие группы: растительного происхождения и синтетические. Ну, конечно, растительные лучше – скажете Вы. Но, оказывается, не все так просто. Растительные препараты на основе **сенны** или **александрийского листа** (Кафиол, Регулакс, Сенаде) содержат антрагликозиды. При постоянном приеме постепенно развивается атрофия слизистой и мышечного слоя кишечной стенки. Со временем развивается угнетение перистальтики, вплоть до атонии. Такие изменения получили название «слабительная толстая кишка». У части пациентов развиваются воспалительные изменения, сходные с язвенным колитом. И это неполный список тех проблем, которые возникают по вине этих слабительных.

Другое широко применяемое слабительное – **бисакодил**. В результате применения неадекватной дозы возможны болезненные сокращения кишечника, учащение стула в виде поноса.

То есть везде свои прелести. В этой группе слабительных есть **«Гутталакс»**, который оказывает легкое слабительное действие. Его легко дозировать (капли). И иногда его можно применять. На ночь принимают, а утром уже есть стул. Очень удобно.

Есть слабительные, действие которых наиболее приближено к естественному. Они создают объем в кишечнике, и это стимулирует его опорожнение. Это **«Форлакс»** (синтетическое средство, но почти не всасывается в просвете кишечника) и **«Мукофальк»** (произведен из оболочек семян индийского подорожника). Эти слабительные можно применять без вреда.

Но в любом случае нужно проконсультироваться с врачом. Потому что, если причина запоров в болезни, то лучше ее пролечить. Слабительные нужно применять только тогда, когда без них нельзя обойтись, и их применение назначено врачом.

Отчего камни в желчном пузыре?

Очень хороший вопрос! Но начнем мы не с него. Начнем мы с хронического холецистита. Что это такое? Если верить заключениям ультразвуковых исследований (УЗИ), то он есть у всех. И еще дискинезия желчевыводящих путей. Дежурные диагнозы, которые выставляются всем, если есть боли в правом подреберье. Очень удобно. А главное, попробуй докажи, что его нет.

Давайте попробуем разобраться в этом. Сначала с дискинезией. В современной гастроэнтерологии есть 2 диагноза: дисфункция желчного пузыря и дисфункция сфинктера Одди. И все, других формулировок нет. И еще один любимый диагноз узистов – застой желчи. Застой желчи может появиться потому, что вы всю ночь не кушали и пошли на обследование натощак. Некоторые попадают на УЗИ часам к 12. Конечно, будет застой. Чтобы выявить проблему, надо провести ультразвуковую холецистографию. То есть, провести исследование желчного пузыря натощак, дать желчегонный завтрак и снова посмотреть в течение 30 минут как сокращается желчный пузырь. И вот только теперь можно говорить о каких-либо отклонениях в работе желчного пузыря. Но ультразвуковую холецистографию у нас нигде не проводят.

Хронический холецистит различают двух видов – бескаменный и калькулезный. Бескаменный холецистит клинического значения не имеет, но может перейти в калькулезный. Основную проблему создает калькулезный холецистит – это наличие камней в желчном пузыре. Какова же основная причина образования камней? Если коротко, то это нарушение оттока желчи из полости желчного пузыря, наличие «ядер» для последующей кристаллизации и высокая концентрация холестерина в желчи.

В первом случае основная причина – это заболевания желудка и 12типерстной кишки. Гастриты, дуодениты, эрозивные и язвенные поражения этих органов. Особенно, если воспалительный процесс локализуется в луковице 12-типерстной кишки. Снижение моторики желчного пузыря происходит при быстром снижении массы тела, длительном голодании, при переходе на полное парентеральное питание, беременности, целиакии, обширной резекции тонкой кишки и наложении анастомозов для лечения ожирения.

Высокая концентрация холестерина возникает в случаях абсолютного увеличения содержания холестерина в связи с усилением его образования. Это происходит при ожирении, беременности, приеме контрацептивных препаратов, гипотиреозе. Либо тогда, когда уменьшается секреция и всасывание желчных кислот – при голодании, быстром снижении массы тела, заболеваниях и резекции дистальных отделов тощей кишки.

Кроме контрацептивов, способствуют образованию камней такие лекарства как клофибрат(кардиологи назначают для снижения уровня холестерина в крови) и цефтриаксон (антибиотик цефалоспоринового ряда, последнее время назначается очень часто без должных для этого показаний).

Очень часто при УЗИ обнаруживают в желчном пузыре сладж – густую замазкообразную желчь, хлопья в желчи. Это начальная фаза образования камней, но она может быть обратима. Если перейти на правильную диету и попринимать некоторые лекарства.

Вопросы диагностики и лечения мы затрагивать не будем. Этим будет заниматься врач, к которому вы обратитесь. Это может быть гастроэнтеролог, это может быть терапевт. Вы их найдете в своей поликлинике или медицинском центре. Здесь мы рассмотрим вопросы профилактики этих заболеваний.

Исходя из всего выше сказанного, меры профилактики напрашиваются сами по себе.

Во-первых, это своевременное и адекватное лечение заболеваний, которые вызывают застой желчи в желчном пузыре. Это гастриты, холециститы, панкреатиты, язвенная болезнь желудка и 12-типерстной кишки.

Регулярное дробное питание, богатое фруктами и овощами с исключением элементарных излишеств, жирной высококалорийной пищи.

Активный образ жизни: занятия физкультурой и спортом, пешеходные прогулки, производственная гимнастика, изменение положения тела в процессе трудовой деятельности.

Устранение запоров, ношение удобной одежды, отказ от тугих поясов, ремней.

Женщинам в послеродовом периоде очень полезно кормление ребенка грудью.

Лица с избыточным весом не должны голодать, делать большие перерывы в приемах пищи, резко переходить на малокалорийную диету. Если у вас обнаружили камни в желчном пузыре, то не стоит сразу удалять желчный пузырь, как советуют хирурги. Желчный пузырь нужен в организме. Он принимает активное участие в акте пищеварения. Поэтому сначала нужно попробовать его растворить. И для этого есть только одно лекарство – это урсодезоксихолевая кислота (УДХК). Ее влияние на растворение камней доказано. Но принимать ее нужно не менее 1 года! Все остальные способы сомнительны. А очистка желчного пузыря по Малахову крайне вредна при наличии камней, так как приведет на операционный стол.

Но если вы принимали УДХК в течение года, но результата нет, то вот тогда надо подумать о необходимости операции. Посоветоваться надо с опытным гастроэнтерологом, а не хирургом. И если вы приняли решение не оперироваться, то необходимо соблюдать диету и ежегодно обследоваться. Держать ситуацию под контролем.

Отчего бывает изжога?

Изжога, многим она знакома. У кого-то изжога бывает редко, у кого-то часто. Кто-то из-за нее не может есть свою любимую жареную картошку, а у кого-то она появляется даже при наклонах, лежа в постели. И почти никто не идет к врачу, гастроэнтерологу. Покупают "Ренни" и считают, что проблема решена. А на самом деле, изжога - это очень серьезно, и лечить ее надо основательно.

Болезнь, основным проявлением, которой является изжога, называется **Гастроэзофагеальная рефлюксная болезнь**, сокращенно **ГЭРБ**, - заболевание с развитием характерных симптомов и/или воспалительного поражения дистальной части пищевода вследствие повторяющегося заброса в пищевод желудочного и/или дуоденального содержимого. А если по-простому, то в результате заболевания происходит заброс желудочного содержимого в пищевод, проявляющееся жжением (изжогой). Из-за постоянного контакта кислоты и желчи со слизистой пищевода последняя сначала воспаляется, появляется покраснение, боль. Если контакт не прекращается, то могут появиться эрозии или даже язвы.

Типичные пищеводные симптомы **ГЭРБ**:

- изжога - жжение, поднимающееся из желудка или снизу грудной клетки вверх к шее;
- регургитация (кислая отрыжка).

Но особенностью этого заболевания является наличие внепищеводных проявлений, то есть с одной стороны, симулирует такое заболевание как **Ишемическая болезнь сердца**, с другой стороны, способствует развитию таких заболеваний, как фарингит, ларингит, вызывает кашель и приступы бронхиальной астмы. Способствует эрозии эмали зубов и вызывает неприятный запах изо рта.

Диагноз **ГЭРБ** - это диагноз, который можно установить с высокой вероятностью и достоверностью уже по данным расспроса больного на основании наличия характерного симптома - изжоги. Но для лечения нужно обязательно обратиться к врачу - гастроэнтерологу. Почему? Потому что поводов для развития ГЭРБ много. И в каждом случае лечение свое. И, кстати, антацидами типа "Ренни", "Алмагеля" или "Маалокса" **ГЭРБ** почти не лечат, их используют редко и ненадолго.

Но почему же, все-таки, такое внимание уделяют изжоге? Дело в том, что при длительном контакте желудочного содержимого со слизистой пищевода, появляется такое заболевание как **пищевод Баррета**. А **пищевод Баррета** - это предраковое состояние. Следующая стадия - рак пищевода.

Поэтому, если Вас стала часто беспокоить изжога, то надо обратиться к **гастроэнтерологу**.

"Пусть пища ваша будет вашим лекарством"

Антибиотики и пробиотики

Написать этот пост меня подвигли комментарии в моем же блоге. Чтобы не писать ответ каждому, решила написать для всех. Тем более, что это больной вопрос для наших пациентов. Очень часто на приеме спрашивают: какие лекарства надо пить, чтобы снять вредное воздействие антибиотиков. Или слышать на улице советы «бывалых» о приеме таких препаратов.

Во-первых, для приема антибиотика должны быть веские причины. Поэтому не пейте их без назначения врача. Не занимайтесь самолечением! Но если без антибиотика никак не обойтись, то кратковременный прием антибиотиков через рот в течение 7 – 10 дней не нанесет большого урона вашей микрофлоре. Современные антибиотики выпускаются в таких формах, которые быстро всасываются в кишечнике. Только при длительном приеме, в течение нескольких месяцев, нужно подумать об этом.

Во-вторых, при попадании микробов в желудок в условиях концентрированной соляной кислоты немногие их них выживают. Поэтому заявления производителей кисломолочных продуктов о влиянии их продукции на состояние микрофлоры кишечника не соответствуют действительности. И с микробными препаратами происходит то же самое, если только микробы в них не защищены от воздействия кислоты. А такие препараты есть!

В-третьих, есть еще так называемые пребиотики. Это то, что служит для наших полезных микробов пищей, а, следовательно, способствуют их процветанию и росту. Пребиотиков много, но нас в первую очередь интересуют молочные продукты и пищевые волокна, которые содержатся во фруктах и овощах, в крупах и хлебе. Не забывайте, что пищевые волокна способствуют еще регулярному опорожнению кишечника и профилактике запоров.

Употребляя в пищу все эти продукты, вы уже заботитесь о своей микрофлоре. Есть, конечно, лекарственные препараты, содержащие пребиотики. Но их нельзя отнести к разряду медикаментов, это скорее биологически активные добавки или БАДы. Но, нужно ли пить эти искусственно созданные продукты, если можно употреблять натуральные? Удовольствия больше и пользы!

Но в любом случае каждый делает свой выбор: что принимать – пробиотики или пребиотики. Но вот выбор антибиотика делает врач. Не забывайте об этом!

Белокочанная капуста

«Унылая пора! Очей очарованье!

Приятна мне твоя прощальная краса –

Люблю я пышное природы увяданье,

В багрец и в золото одетые леса…»

Вот и в Алматы пришла осень. Пасмурно, сыро. Деревья стоят в своем золотистом уборе, который постепенно опадает под ноги. В такую погоду хорошо сидеть, укутавшись в теплую шаль, и читать стихи А.С.Пушкина. А еще лучше… заквасить капусту. Конец октября, начало ноября – самый сезон.

Белокочанная капуста издревле пользуется народной любовью: и полезна, и вкусна. Еще древние римляне придавали ее действию большое значение, считая, что она регулирует обменные процессы и тем самым усиливает сопротивляемость к болезням. Широко используется капуста и в народной медицине.

Одним из важных достоинств капусты является ее способность в течение полугода сохранять витамины, которыми она богата. Капуста содержит витамины С и Р, влияющие на проницаемость сосудистых стенок. Капуста занимает третье место после петрушки и шпината по содержанию в ней витамина Р.

Есть в капусте витамины группы В, РР,– холин (витаминоподобное соединение), обладающий антисклеротическим действием.

В капусте мало пектиновых веществ, и в этом она уступает многим овощам, но много растительной клетчатки. Это плюс большое количество серы (до 75%) создает большую нагрузку на органы пищеварения, что является противопоказанием для включения капусты в меню диеты № 4. Но зато небольшое содержание углеводов в капусте позволяет включить ее в рацион больных с сахарным диабетом.

Если противопоказаний со стороны пищеварительной системы нет, то капуста является хорошим стимулятором нормальной работы кишечника, и может использоваться в борьбе с запорами. Кроме того, капуста богата солями калия, магния и цинка и способствует поддержанию правильной жизнедеятельности сердечной мышцы. Это делает капусту ценным продуктом в питании больных с аритмиями, артериальной гипертензией и ишемической болезнью сердца.

На этом чудеса не кончаются. В капусте содержатся биоактивные вещества. Это – витамин U и тартроновая кислота. Витамин U способствует рубцеванию язвы двенадцатиперстной кишки, оказывает хорошее лечебное действие на слизистую при колитах и гастритах. А тартроновая кислота препятствует накоплению лишнего веса, так как задерживает превращение углеводов в жир. Но при термической обработке тартроновая кислота разрушается, поэтому капусту рекомендуется употреблять в свежем виде.

Квашеная капуста богата витамином С и имеет кислый вкус, что делает ее незаменимой в рационе больных простудными заболеваниями и ОРВИ. А свежий капустный сок с медом обладает отхаркивающим и смягчающим действием при кашле.

Воспользуемся погодой и приготовим себе квашеную капусту как лечебное средство в борьбе с простудой, лишним весом и просто плохим настроением.

Брокколи

Брокколи, или спаржевая капуста, - разновидность цветной капусты. Мясистая головка (видоизмененное соцветие) распадается у брокколи на несколько или много метельчато расположенных мясистых ветвей со скрученными на вершинах мелкими головками из недоразвитых цветочных бутонов.

Цветочные бутоны (цветоносы), так называемые отпрыски (от итальянского «брокко»), и дали капусте название. За свои сильно разветвленные побеги брокколи называют также спаржевой капустой. В средние века эта культура сильно распространилась из Италии по всей Европе, а в России первые сообщения об «итальянской капусте» появились в печати в 1773 году. Но, несмотря на широкое использование ее в зарубежных странах, особенно в Италии, Испании, США и Канаде, до начала 80-х годов в нашей стране она была почти неизвестна.

По вкусу брокколи напоминает более распространенную у нас цветную капусту, но с более пикантным вкусом. Зато химический состав ее значительно разнообразнее, чем у цветной капусты. Так, если в соцветиях цветной капусты содержится только 2 мг% метионина, то в головках брокколи – в 2 раза больше, в бутонах ее – 100 – 160 мг% аскорбиновой кислоты (витамин С), по сравнению с цветной капустой больше в 3 раза, в побегах больше сахаров и каротина в отличие от цветной капусты, в которой последнего нет вообще.

Кроме того, головки брокколи – содержат такие витамины, как А, В1, В12, Е, РР, С; микроэлементы - калий, фосфор, кальций, магний. По количеству белка брокколи превосходит батат, спаржу, сахарную кукурузу, шпинат. По наличию большинства незаменимых аминокислот не уступает говядине, а по наличию лизина, изолейцина и триптофана – белку куриного яйца. Метионин и холин препятствуют накоплению в организме холестерина, отчего брокколи особенно рекомендуется пожилым людям.

В брокколи содержится до 38 мг% пуриновых оснований, что ограничивает ее употребление в сыром виде, а также ее отваров в детском и диетическом питании.

У ветвистых, или отпрысковых, сортов брокколи в пищу употребляют нежные видоизмененные побеги с плотно сомкнутыми недоразвившимися бутонами. После удаления центральных побегов в пазухах листьев в течение нескольких недель, отрастают боковые, более мелкие побеги, которые убирают в 2 – 3 приема. Отваренные в слегка подсоленной воде 20-сантиметровые стебли побегов второго или третьего урожая по вкусу напоминают зеленую спаржу. Наиболее распространенный сорт брокколи с зелеными головками характеризуется биологическими признаками и внешним видом, близкими к цветной капусте. В пищу идут как головки, так и нежные стебли капусты.

Брокколи используют для приготовления салатов, супов, гарниров, употребляют в отварном (с молочным, сметанным соусом или растопленным сливочным маслом) и в жареном виде. Из нее, кроме того, готовят такие же блюда, как и из цветной капусты.

Головки брокколи, разобранные на отдельные соцветия и нежный стебель, моют в дуршлаге холодной проточной водой. Варят брокколи 8 – 10 минут в подсоленной кипящей воде.

Салат из брокколи

Отваривают головки капусты до полуготовности (она должна быть слегка твердой), охлаждают, разбирают на отдельные соцветия, кладут в салатницу, поливают заправкой. Сверху салат посыпают мелко нарезанными сваренными в крутую яйцами, а также зеленым луком.

Брокколи 500 г, яйца 2 шт, нарезанный лук-перо 2 – 3 столовые ложки. Для салатной заправки: растительное масло 1 столовая ложка, 3%-ный уксус 2 столовые ложки, сахар 1 чайная ложка, соль и черный молотый перец по вкусу.

Кофе: польза и вред

Кофе или кофейное дерево (Coffea), род кустарников из семейства мареновых. Известно около 20 видов Кофейных деревьев, произрастающих в жарких странах Африки и Азии. Листья супротивные, кожистые, цветы белые, венчик сростнолепестный, завязь цельная двугнездная, плод красный, ягодообразный с 2 семенами; в ягодах, очищенных от мякоти и оболочек, находятся два кофейных боба. Лучшее кофе получается из Coffea arabica, деревцо до 6—8 м высоты, из Абиссинии, откуда в XV в. было перевезено в Аравию. В Европу кофе проник в XVII столетии. Ныне кофе разводится во всех тропических странах. Главные сорта аравийского кофе: моккское, бразильское, яванское, цейлонское, мартиникское. Другая разновидность кофе из

Сьерра-Леоне и Анголы (C. liberica). Словарь Ф.А.Брокгауза и И.А.Ефрона.

Кофе – напиток любимый многими. Он вкусный, бодрящий, обладающий множеством вкусов. И, наверное, поэтому о кофе ходит очень много мифов. Попробуем разобраться с ними с точки зрения фармакологии и физиологии. Так что такое кофе: польза или вред?

Причина, по которой ругают и хвалят кофе, это присутствие в нем кофеина. Если обратиться к всезнающей Википедии, то там мы найдем, что кофеин – алкалоид из группы метил ксантинов. Его «родственники» - теофиллин (эуфиллин) и теобромин. Фармакологические свойства очень похожи. Оказывает расслабляющее действие на гладкую мускулатуру сосудов, бронхов, стимулирующее действие на центральную нервную систему больше выражено у кофеина. Из-за этого стимулирующего действия и пьем мы кофе, когда хотим взбодриться. Но всегда надо помнить о том, что взбодрить можно то, что может взбодриться. Другими словами, если вы хронически не высыпаетесь, то на кофе особенно не надейтесь – не поможет. К тому же возбуждающее действие кофеина кратковременно (на 4 – 6 часов), затем наступает угнетение цнс.

На артериальное кровяное давление кофеин тоже действует по-разному: повышает пониженное и не меняет нормальное. При повышенном давлении реакция организма на употребление кофе и черного чая трудно прогнозируемое, и в каждом случае надо решать индивидуально. Кстати, черный чай почти никто не запрещает, хотя в нем кофеина содержится больше, чем в кофе. Кофеин усиливает частоту сердечных сокращений, об этом надо помнить лицам с повышенным пульсом.

Крепкий чай и кофе нежелательны при заболеваниях желудка, так как стимулируют желудочную секрецию. Не рекомендуются детям до 2-х лет.

Но у кофеина есть и полезное свойство, которое можно использовать в лечебных целях. Кофеин расширяет сосуды головного мозга и почек. Поэтому чашка кофе или крепкого черного чая может снять несильную головную боль и оказать легкое мочегонное действие.

И еще одна приятная новость для борцов с лишним весом – под действием кофеина происходит уменьшение подкожно-жировой прослойки за счет выхода жирных кислот. Поэтому чашечка чая или кофе перед тренировкой только ускорит процесс похудения.

Одновременно с жирными кислотами происходит выход глюкозы из гликогеновых депо. А глюкоза вместе с жирными кислотами улучшает согревание организма. Поэтому на холоде надо пить чай или кофе!

Конечно, вам самим решать, что вы получите, употребляя кофе: пользу или вред. Согласуйте его употребление с состоянием вашего здоровья и, главное, всегда знайте меру. Будьте здоровы!

Полезное оливковое масло

По последним данным ВОЗ, средиземноморская диета признана самой полезной диетой, приводящей к снижению риска развития сердечно – сосудистых заболеваний.

Называется эта диета средиземноморской, потому что она является основным пищевым рационом жителей побережья Средиземного моря. Это жители Италии, Испании, Греции и других прибрежных государств. В состав этой диеты входят морская рыба и морепродукты, много фруктов и овощей, различные сыры, немного красного вина и оливковое масло. Возможны различные вариации, связанные с историческими кулинарными традициями, религией.

Последнее время оливковое масло стало пользоваться определенным спросом и у нас. В магазинах появились различные виды этого масла, произведенные в разных странах. И здесь важно не ошибиться с выбором нужного сорта масла.

Оливковое масло отжимают из оливок (маслин). Это так называемый холодный отжим. Такое масло является самым полезным, так как содержит все полезные инградиенты. И в первую очередь, это мононенасыщенные жирные кислоты олеиновая (Омега-7) и пальмитиновая (Омега-9) кислоты, полиненасыщенная кислота – линоленовая (Омега-3). Эти кислоты важны тем, что они регулируют жировой обмен, способствуют увеличению фракции холестерина липопротеидов высокой плотности (ХС ЛПВП) и уменьшают содержание в организме холестерина липопротеидов низкой плотности (ХС ЛПНП). Холестерин ЛПВП не вызывает образование атеросклероза (его иногда называют «хорошим»), а вот холестерин ЛПНП, накапливаясь в стенке сосудов, имеет прямое отношение к развитию этого процесса (за это его называют «плохим»). Показатели жирового обмена имеют большое значение в лечении и профилактике таких заболеваний как
Артериальная гипертензия и **Ишемическая болезнь сердца.**
Олеиновая и пальмитиновая кислоты способствуют профилактике болезни Альцгеймера. Линоленовая кислота укрепляет стенки клеток и улучшает состояние слизистых оболочек.
Отсюда понятно значение оливкового масла для здоровья. Кроме того, в этом масле много витаминов A, B, C, D, E, F, K, которые являются антиоксидантами и борются со свободными радикалами, улучшают развитие костной и мышечной ткани.
Кроме того, наблюдения показали, что применение оливкового масла снижает риск развития рака молочных желез. А наружное нанесение масла на кожу после загара снижает риск развития рака кожи.
Применять оливковое масло можно добавляя его в салаты, готовить на нем первые и вторые блюда.
Самым ценным по своему составу является нерафинированное масло, которое получают путем холодного отжима. В этом случае в масле сохраняются все полезные вещества, и поэтому его лучше просто

добавлять в готовые блюда, не подвергая нагреванию. Обозначается оно – Virgin Oil.

Как же теперь выбрать в магазине нужный сорт масла?

- § *Extra-virgin olive oil* – это нерафинированное натуральное масло с очень хорошим вкусом.
- § *Virgin olive oil* – это тоже нерафинированное масло с хорошим вкусом.
- § *Pure olive oil* и *Olive oil* обычно являются смесью натурального и очищенного масла с разными уровнями кислотности.

Extra-virgin olive oil и *Virgin olive oil* не должны подвергаться тепловой обработке, поэтому их добавляем в уже готовые блюда.
А вот на масле сорта *Pure olive oil и Olive oil* - можно жарить.

Отруби хрустящие пшеничные

Вчера была в магазине и увидела там очень полезный продукт – «Отруби хрустящие пшеничные с морковью и луком», произведенные компанией «Диетмарка» из России. Состав: отруби пшеничные, морковь сушеная, лук сушеный, соль. Вроде все натуральное. Наконец-то, у нас в магазине появилось то, что нужно очень многим. Правда оценит ли это наше население?
Гастроэнтерологам давно известно о полезных свойствах отрубей. И очень часто я сама рекомендовала своим пациентам найти и применять их. Но это было сделать не очень просто. Надо было поехать на мелькомбинат и взять там отруби. Но использовать их еще было нельзя. Потом отруби надо было промыть и прожарить в духовке (для дезинфекции). Затем залить кипятком, чтобы они стали помягче. И потом добавляли их в пищу – в супы, вторые блюда. Отруби не обладают ни запахом, ни вкусом. Поэтому вкус блюда не испортят. Для чего это делалось? Отруби – хороший источник нерастворимой клетчатки, а нерастворимая клетчатка выполняет несколько функций.

Попадая в желудочно-кишечный тракт, она вбирает в себя ту жидкость, которая там находится, а заодно и все вредные вещества: соли тяжелых металлов, холестерин, аммиак и так далее. Набирая жидкость, отруби увеличиваются в объеме, что вызывает усиление перистальтики кишечника, учащается стул. Это хорошо тогда, когда ограничивая количество съедаемой пищи в борьбе с лишним весом получают запоры. А употребление отрубей эти запоры убирает. Вот, пожалуйста, эффект очищения. Нужно прочистить кишечник – съешь 100 – 200 г отрубей, запей какой-нибудь жидкостью и очистка обеспечена. Причем удаляется только ненужное для организма, не нарушая микрофлору кишечника.

Любая клетчатка еще является субстратом для жизнедеятельности микрофлоры кишечника, или пребиотиком. Благодаря ей она там живет и процветает. Напомню, что благодаря микрофлоре идет выработка в кишечнике некоторых витаминов.

Кроме отрубей, клетчатка содержится в любом представителе растительного мира: фрукты и овощи, грибы и зелень. Просто ее содержание будет разным, может быть растворимая и нерастворимая. От этого зависит то действие, которое оказывает клетчатка. Но уже доказано, что регулярное достаточное применение клетчатки препятствует развитию колоректального рака.

Но для применения клетчатки, а именно отрубей, есть противопоказания – это желудочно-кишечные заболевания в остром периоде: гастриты, дуодениты, язвенная болезнь желудка и 12-перстной кишки, воспалительные заболевания кишечника (болезнь Крона и Язвенный колит), энтериты.

Я купила эти отруби и попробовала. Хрустящие, чем-то напоминают сухарики из черного хлеба. По размеру как сухарики. Я думаю, что кулинарные мастерицы смогут найти им достойное применение!

Жемчужная каша

Да – да, я не ошиблась. Именно так переводится с английского (pearls – жемчуг) название перловой каши. Зерна перловой крупы очень похожи на речной жемчуг, отсюда и название. А еще ее подавали на царский стол.

Изготавливают перловую крупу из ячменя, снимая ость (отруби). Это позволяет максимально сохранить полезные свойства зерна. Белок ячменя превосходит по своей пищевой ценности белок пшеницы. А еще в нем много клетчатки, витаминов A, B, D, E и PP, микроэлементов:

калий – улучшает работу сердечно – сосудистой системы;
кальций и фосфор – способствуют укреплению костей и зубов;
медь – один из важных оксидантов;
железо – важный компонент построения гемоглобина эритроцитов;
марганец – является катализатором многих химических процессов в организме;
селен – важный антиоксидант, влияющий на работу сердечно – сосудистой системы, щитовидной железы;
молибден – участвует в ряде реакций жирового и липидного и белкового обмена;
цинк – в сочетании с различными микроэлементами и витаминами регулирует почти все процессы синтеза, протекающие в нашем организме;
никель – способствует усвоению железа и меди;
хром – принимает участие в углеводном и липидном обменах;
йод – микроэлемент, крайне необходимый для правильной работы щитовидной железы, необходимо присутствие селена;
бром - оказывает успокаивающее влияние на нервную систему, а через нее – на сердечно – сосудистую;
стронций.

Есть еще в перловке такая незаменимая аминокислота, как лизин. Лизин входит в состав практически любых белков, необходима для роста, восстановления тканей, производства антител, гормонов, ферментов, альбуминов, принимает непосредственное участие в синтезе коллагена. А коллаген обеспечивает упругость кожи, следовательно, те, у кого мало лизина, страдают ранними морщинами. Эта аминокислота оказывает противовирусное действие, особенно в отношении вирусов, вызывающих герпес и острые респираторные инфекции. Рекомендуется сочетать лизин с витамином С и биофлавоноидами при вирусных заболеваниях.

Из лизина образуется карнитин, вещество которое снабжает сердечную ткань энергией. При приеме 500 мг лизина количество карнитина увеличивается в 6 раз. Но для этого нужны в достаточном количестве аскорбиновая кислота (витамин С), тиамин (витамин В1) и железо.

Кроме того, лизин способствует нормализации уровня триглицеридов и липопротеидов в крови (понижает его), и таким образом борется с развитием атеросклероза.

Лизин принимает активное участие в обмене кальция и может способствовать лечению и профилактике остеопороза.

В сочетании с аминокислотой аргинином лизин повышает количество и активность нейтрофилов (клеток отвечающих за иммунитет).

Учитывая все выше сказанное, перловая крупа поистине драгоценная, оказывающее благотворное влияние на наш организм и незаслуженно забытая.

Польза молока

Молоко и молочные продукты являются продуктами диетического питания. В последние годы появилось очень много негативной информации о молоке. И я хочу разобраться в ней – соответствует это истине или нет? В чем польза молока? Или ее нет?

Основной белок молока – казеин. Белок полноценный, то есть содержит весь набор незаменимых аминокислот. А это значит, что получая только одно молоко, наш организм будет обеспечен всеми необходимыми компонентами для синтеза белков. В большом количестве содержится аминокислота триптофан, которая вместе с лизином и никотиновой кислотой необходима для роста и развития костной и мышечной тканей. Благодаря триптофану и никотиновой кислоте любители молока никогда не заболеют таким заболеванием, как пеллагра. Лизин с аргинином участвуют в процессе сперматогенеза. Валин участвует в нормальной деятельности нервной системы и пищеварения. Недостаток лейцина и изолейцина может быть причиной низкого роста, малокровия и ряда нервных расстройств. Метионин и холин предупреждают жировую инфильтрацию печени.

Глобулин белка является носителем антител матери, таким образом, защищая младенца от различных инфекций, пока собственная иммунная система только учится защищаться. Правда, здесь имеет значение видовое соответствие. Коровье молоко защищает только теленка, кобылье – только жеребенка. Поэтому для наших младенцев важно только женское молоко.

Недостаток белка в питании приводит к снижению устойчивости организма к инфекциям, так как уменьшается выработка антител, лизоцима и интерферона, обостряется течение воспалительных процессов. Ухудшается работа практически всех систем организма. Но избыточное поступление белков в организм тоже плохо, так как возрастает нагрузка на печень и почки. Лишний белок подлежит разрушению в печени, а продукты распада выводятся через почки. Происходит перевозбуждение нервной системы, которое со временем приводит к неврозам. Повышенное поступление белка в организм требует и повышенного поступления витаминов А, группы В, а это не всегда возможно. Одним слово, создаются условия для нарушения обмена веществ в организме. А это рано или поздно приводит к различным заболеваниям, например, атеросклерозу.

Жиры в молоке представлены в виде смеси более 30 жирных кислот. Среди них есть очень полезные полиненасыщенные жирные кислоты: арахидоновая, линолевая и линоленовая (правда их количество не очень большое), малонасыщенные жирные кислоты: масляная, капроновая, каприловая, пилларгоновая. Кроме того, в молоке есть фосфатиды и стерины, все эти составляющие нормализуют жировой обмен в организме и защищают его от атеросклероза. Лецитин благоприятно влияет на мозговую деятельность, стимулирует желчеобразование, способствует пищеварению в кишечнике.

Молочный сахар придает молоку приятный сладковатый вкус. Для переваривания его нужен специальный фермент – лактаза, содержание которого в желудочном соке зависит от возраста (у младенцев его много) и от состояния желудочного тракта. При наличии хронического гастрита содержание этого фермента снижается. Когда лактазы недостаточно, в пищеварении молочного сахара принимает участие микрофлора кишечника. И тогда переваривание сопровождается повышенным выделением газов, а это вызывает болезненные ощущения в животе и послабление стула.

Пожалуй, это единственное неудобство, вызываемое молоком. Но молочнокислые продукты переносятся значительно лучше: кефир, йогурт, различные молочнокислые продукты, еще лучше – сыры, творог, сметана, так как содержание молочного сахара в них еще меньше. И полезных веществ в них не меньше, а где-то и больше, чем в молоке. Отсюда вывод. Польза молока очевидна. Молочные продукты – полезны для людей любого возраста, здоровых и больных. Ориентироваться нужно в основном на индивидуальную переносимость каждого продукта. И тогда будет вам и здоровье и удовольствие!

Кабачки

Кабачки – родственники тыквы, так как относятся к одному отряду. Форма кабачков - обычно продолговатая, цвет – все оттенки зеленого, могут быть полосатыми.

А вот патиссоны – круглые, плоские, очень похожи на тарелки с зубчатыми краями. Поэтому их еще называют тарельчатыми тыквами. Мякоть кабачка содержит белки, сахара, крахмал, пектиновые и минеральные вещества, из которых наиболее ценны соединения фосфора и железа, кальций, калий и натрий, каротин и витамины С, Е, Н, В1, В2, РР, фолиевая и пантотеновая кислоты. В кабачках невысокое содержание клетчатки и обладают они небольшой энергетической ценностью. Патиссоны богаче по содержанию витаминов.
Все выше перечисленное делает кабачки очень ценным диетическим продуктом. Блюда из кабачков обладают мочегонными и антианемическими свойствами, могут входить в состав гипоаллергенной диеты. Очень хорошо включать их в диету для снижения лишнего веса. Для приготовления блюд наиболее пригодны зеленцы – молодая завязь кабачков 7 – 12-дневного возраста массой 300 – 700 г, длиной до 25 и диаметром до 10 см. Мякоть зеленцов нежная, вкусная, с небольшой семенной камерой. Поскольку такой плод из-за тонкой корки совершенно не пригоден к хранению, зеленцы необходимо использовать сразу же после сбора.
Для приготовления блюд используют патиссоны-зеленцы недельного возраста с плодоножкой массой не более 300 г. Зрелые плоды патиссонов в пищу не пригодны.

Плоды цуккини для приготовления блюд срезают длиной 15 – 30 см, массой 150 – 400 г с плодоножкой. Для употребления в сыром виде и переработки (засолки, маринования) используют плоды – завязи длиной 15 – 20 см, массой 130 – 150 г. Мякоть плодов должна быть упругой, хрустящей, нежной.

У кабачков удаляют плодоножки, затем их моют и срезают с них кожицу, у крупных – удаляют семена. Для приготовления блюд кабачки нарезают кружками или ломтиками. Фаршируют кабачки или целыми (если они мелкие), или нарезанными, удалив металлической ложкой семена с частью мякоти.

Суп – пюре из цуккини.

Нарезанные цуккини припускают с небольшим количеством бульона, в конце добавляют пассерованные репчатый лук, лук-порей и морковь. Готовые овощи протирают. Протертую массу соединяют с белым соусом, а затем разводят оставшимся бульоном до получения однородной массы. Готовый суп-пюре заправляют горячим молоком и сливочным маслом.

На 4 порции: цуккини 600 г. Морковь ½ шт., репчатый лук 1 шт., лук-порей 80 г, пшеничная мука 1 ½ столовой ложки (для соуса), сливочное масло 1 столовая ложка, молоко 1 ½ стакана, бульон 1,5 л.

Чем полезна гречневая каша

Родина гречихи – западные отроги Гималаев Северной Индии. Там ее называют «черным рисом». Оттуда гречка начала свое победоносное шествие по всему миру. А вот свое «русское» название «гречка» получила из-за греков. По одной версии, из Греции ее привозили в Россию, по другой, в России в основном выращивали греки-монахи при монастырях. Но как бы ее не называли, эта крупа вкусна и очень полезна.

Белки гречки содержат 18 незаменимых аминокислот, что повышает их ценность и позволяет сравнивать их с белками куриного яйца и сухого молока. Жиры в основном представлены полиненасыщенными растительного происхождения, благоприятно влияющие на жировой обмен и регулирующие уровень холестерина в крови. Углеводы в основном представлены сложными углеводами, которые очень медленно расщепляются и медленно повышают уровень сахара в крови. Поэтому гречка пользуется заслуженным вниманием у больных с сахарным диабетом.

Кроме того, в гречке представлен весь спектр витаминов группы В, витамины Е и РР, особенно много в гречке рутина. Рутин – это витамин, укрепляющий стенки сосудов. Многие, наверное, знают лекарство «Аскорутин». Одним из компонентов этого лекарства и является рутин. Богата гречка и микроэлементами, такими как калий, магний, фосфор, йод, железо. Содержание микроэлементов и витаминов в гречке в 1,5 – 3 раза больше, чем в других крупах. Гречка ускоряет основной обмен в организме, что делает ее незаменимой в борьбе с лишним весом. Поэтому гречневая каша рекомендуется при атеросклерозе, гипертонии, сердечно-сосудистых заболеваниях, ожирении, диабете, заболеваниях пищеварительного тракта, варикозном расширении вен нижних конечностей. В виду отсутствия в гречке пуриновых оснований – хорошо добавлять в диету больных подагрой.

И по сложившейся традиции хочу порекомендовать вам приготовить

Крупеник.

Гречневая крупа – 1 стакан, вода – 1 стакан, творог – 500 г, яйцо – 2 шт., сахар – 4 стол. ложки, сметана – 100 г.

В подсоленной воде варим гречневую кашу. Яйца взбить с сахаром, тщательно растереть с творогом и остывшей гречневой кашей. По желанию можно добавить изюм или какие-нибудь сухофрукты. Переложить массу в сковородку и поставить в духовку. Запекать около 15 минут (до появления румяной корочки). Крупеник можно есть в горячем или холодном виде. Подавать со сметаной.

Попробуйте! Очень вкусно и полезно. Это блюдо может входить во все диетические столы. Только в диету №1 и ее модификации - без сметаны.

Чем полезна морковь?

Морковь была известна еще древним грекам и римлянам, а вот в Европе широкое распространение получила только в XIV – XVI вв. и была она разного цвета: белая, желтая, фиолетовая, черная. Оранжевую морковку вывели в Голландии в честь королевской семьи.

Морковь является одной из ценнейших овощных культур. Сладкая, нежная, ароматная, морковь никогда не приедается. Она полезна при самых различных заболеваниях: малокровии, бронхитах, некоторых кожных, сердечно-сосудистых заболеваниях, для заживления ран. Но особенно важна морковь для поддержания зрения.

В моркови содержится множество биологически ценных веществ: витамин В8, провитамин А (каротин) – 9 мг на 100 г моркови, витамины В1, В2, В3, фолиевая кислота, РР, С (5 мг%), Е, К. В корнеплодах моркови есть необходимые для организма минеральные соли – натрий, калий, кальций, магний, фосфор, железо, кобальт, йод, цинк, хром. Характерный вкус и запах моркови обусловлены наличием в ней эфирного масла (10 -14 мг%). Морковь содержит значительное количество сахаров (6%), азотистых веществ (1.3%) и немного клетчатки (1,2%). В основном клетчатка концентрируется в сердцевине.

Провитамин А, витамин С и витамин Е относятся к антиоксидантам, которые повышают иммунитет, уменьшают количество свободных радикалов, обладают противораковым действием. Обладает морковь и фитонцидами, в этом ее можно сравнить с луком и чесноком. Поэтому морковь можно использовать при заболеваниях горла и полости рта. Полезно погрызть сырую морковку после еды – это укрепляет десна и очищает зубы. Это, наверное, единственный овощ, который в вареном виде обладает большим набором антиоксидантных свойств, чем в сыром.

Но злоупотреблять самой морковкой или ее соком не советую, кожа довольно быстро окрашивается в оранжевый цвет. Оранжевый человек на наших улицах будет выглядеть достаточно экстравагантно. Но, кроме шуток, большое количество каротина оказывает нагрузку на печень. Считается, что морковь полезна при ишемической болезни, различных нарушениях сердечного ритма, повышенном давлении, при туберкулезе и бронхиальной астме, лучевой болезни, болезнях печени и поджелудочной железы, малокровии (анемии). Так как витамин А принимает участие в восприятии света, присутствие его в моркови сказывается на состоянии зрения. Недостаток витамина А приводит к нарушению сумеречного зрения, так называемой «куриной слепоте». Что можно приготовить из моркови? Очень вкусны и питательны салаты из моркови с добавлением других овощей, а иногда и фруктов, яблок например. Можно из моркови приготовить супы и вторые блюда, оладьи, блинчики, печенье, кисель и даже варенье. И если постараться, то блюда будут не очень калорийными, а значит подойдут для питания худеющих.

И по традиции рецепт блюда из моркови.

Салат из моркови и яблок.

На 4 порции: морковь 4 шт., яблоки 4 шт., сахар 1 ½ чайной ложки, сметана 3 столовые ложки.

Морковь измельчают на терке. Яблоки очищают от кожицы, удаляют сердцевину. Затем яблоки нарезают мелкими ломтиками, оставив немного для оформления, и смешивают с подготовленной морковью. Заправляют небольшим количеством сметаны, сахаром и лимонным соком или растворенной в воде лимонной кислотой. При подаче салат поливают сметаной и оформляют дольками яблок.

Питание при аппендиците

На днях моя младшая дочь была прооперирована в ГКБ № 7 по поводу острого аппендицита. Порядок в этой больнице – разговор отдельный. Спрашиваю дочь: Что тебе можно кушать? Отвечает: Доктор сказал – бульон с сухарями. Так сказать, классика питания в хирургическом отделении. По-моему, хирурги больше не знают, чем можно кормить больных после операций. Бульоны ведь тоже можно приготовить по-разному, и их действие на систему пищеварения будет различным. И я решила написать о питании больных в первые дни после операции – аппендэктомии. Это, конечно, не по теме моего блога. Но с другой стороны, никто не застрахован от такой ситуации. Она может случиться с любым из нас или нашими родственниками.

При остром аппендиците производится операция по удалению аппендикса – отростка слепой кишки, то есть операция на кишечнике. Поэтому основная цель диеты – максимальная разгрузка органов пищеварения с целью их щажения и для предупреждения возникновения метеоризма.

Максимальное механическое и химическое щадящее питание обеспечивается последовательным назначение трех диет: 0а, 0б и 0в. Диеты содержат наиболее легко усвояемые источники белков, жиров, углеводов, повышенное количество жидкости и витаминов. Резко ограничено содержание поваренной соли.

Пища дается в жидком, полужидком, желеобразном и протертом виде малыми порциями и часто.

Диета 0а

Пищу принимают 7 – 8 раз в день, на один прием не более 200 – 300 мл. Температура пищи должна быть не выше 45°C.

Рекомендуемые блюда и продукты: слабый обезжиренный мясной бульон, рисовый отвар со сливками или сливочным маслом, процеженный компот, кисель жидкий ягодный или фруктовый, отвар шиповника с сахаром, желе фруктовое с лимоном и сахаром, свежеприготовленные фруктово-ягодные соки, разведенные в 2 – 3 раза подслащенной водой (до 50 мл на прием). Специально обращаю ваше внимание – бульон должен быть некрепким, много мяса не кладите.

Исключают: любые плотные пюреобразные блюда, цельное молоко и сливки, сметану, виноградный и овощные соки, газированные напитки.

Диета 0б

Назначают на 1 – 2 дня после диеты 0а. В дополнение к которой вводят жидкие протертые каши из рисовой, гречневой круп, геркулеса, сваренные на мясном бульоне или на воде с добавлением 1/4 – 1/2 молока, слизистые крупяные супы с протертым отварным мясным пюре, слабые обезжиренные мясные бульоны с манной крупой, паровой белковый омлет, яйца всмятку, паровое суфле или пюре из вареных мяса или рыбы, освобожденных от жира, фасций, сухожилий, кожи, до 100 г сливок, муссов из некислых ягод.

Пищу принимают 6 раз в день, не более 360 – 400г на прием.

Диета 0в

Эта диета следует за диетой 0б и является переходом к физиологически полноценному питанию.

Рацион расширяется за счет введения супов-пюре и супов-кремов; паровых блюд из протертого отварного мяса, курицы или рыбы, свежего творога, протертого со сливками или молоком до консистенции густой сметаны, паровых блюд из него; кисломолочных напитков; печеных яблок, хорошо протертых фруктовых и овощных пюре, белых сухарей – до 100 г, чая с молоком, молочных каш.

Пищу принимают 6 раз в день. Температура пищи: холодные блюда – не ниже 20°С, горячие – не выше 50°С. Каждая диета дается на 1 – 2 дня. А это значит через 5 – 6 дней можно перейти на обычное питание, но исключая жирное, жареное, острое.

Полезная скумбрия

Сейчас на наших базарах появилась свежемороженая скумбрия, говорят из Норвегии. Правда это или нет – пусть это останется на совести продавцов. Поговорим о самой рыбе, что она из себя представляет. В энциклопедии мы можем найти описание этой рыбки. Принадлежит она семейству скумбриевых. Второе название – макрель. Живет в основном в холодных северных морях, образует огромные косяки, питается мелкой рыбешкой.

По своим пищевым свойствам относится к диетическим продуктам. Белок рыб усваивается лучше мясного белка. Скумбрия – жирная рыба, богатая полиненасыщенными жирными кислотами Омега–3, кроме того, содержит жирорастворимые витамины А и Д, никотиновую кислоту, витамин В1, микроэлементы йод, калий, фосфор, хлор, натрий, кальций, железо. Довольно калорийна, 181 ккал на 100 г.

Омега-3 полиненасыщенные жирные кислоты оказывают влияние на жировой обмен, увеличивая содержание «полезного» холестерина и, таким образом, уменьшая скорость развития атеросклеротического поражения сосудов. А атеросклероз коронарных сосудов, если вы помните, приводит к ишемической болезни сердца – стенокардии и инфаркта миокарда. Помимо этого, Омега–3 уменьшают слипание тромбоцитов и, следовательно, препятствуют образованию тромбов. Оказывают положительное влияние на сердечный ритм. И даже применяются для лечения мерцательной аритмии.

Омега-3 полиненасыщенные жирные кислоты также принимают участие в формировании миелиновой оболочки нервных стволов. Биологически активные вещества, которые вырабатываются из Омега-3 ПНЖК, являются универсальными регуляторами функции нервной системы. Доказано, что они предупреждают развитие болезни Альцгеймера и вырабатывают серотонин – «гормон радости».

Под действием Омега-3 полиненасыщенных жирных кислот в организме вырабатываются простагландины, которые снимают воспаление.

Поэтому благотворно сказываются на состоянии суставов.

Существенное значение для нашего здоровья играют и такие витамины, как витамин А и Д. **Витамин Д** принимает активное участие в кальциевом обмене и влияет на состояние костей. И активно ему в этом помогают кальций и фосфор. Многие взрослые помнят, как в детстве им давали противный рыбий жир для профилактики рахита. А для пожилых витамин Д важен для профилактики и лечения остеопороза.

Витамин А играет существенную роль в функционировании глаз (при недостатке этого витамина нарушается сумеречное зрение) и состоянии кожи и слизистых. Недостаток витамина А приводит к задержке полового развития у детей и нарушению половой функции у взрослых. Кроме того, витамин А является антиоксидантом, а значит защищает наш организм от развития злокачественных опухолей.

Витамин В1 играет важную роль в функционировании нервных стволов.

Йод – очень важный микроэлемент для нормальной работы щитовидной железы. О нем я подробно уже писала здесь. Можно принимать различные биодобавки с Йодом, а можно просто включить скумбрию и другую морскую рыбу в свой рацион. И ваш организм будет достаточно обеспечен йодом.

И вообще, скумбрия очень вкусная рыба, в ней немного костей, и поэтому ее очень хорошо готовить, разнообразить свой стол. У нас эту рыбу можно купить в свежемороженном виде, копченом. Есть масса полезных и вкусных рецептов.

Привожу один такой рецепт. Готовится быстро, блюдо получается малокалорийным. Подойдет тем, кто заботится о своем весе.

Скумбрия с картофелем, запеченная в фольге

Ингредиенты

500 г филе скумбрии или любой другой рыбы

500 г картофеля

350 г болгарского перца

200 г моркови

200 г лука

соль

перец

Рецепт приготовления

Рыбу нарезать небольшими кусочками, посолить, поперчить, оставить на 30 минут.

Лук нарезать полукольцами. Морковь нарезать тонкими ломтиками. У перца удалить семена, нарезать соломкой. Картофель почистить, нарезать тонкими ломтиками.

На фольгу выложить кусочки рыбки. На рыбку выложить картофель. Затем лук. Морковь. Перец. Немного посолить. Можно сделать наоборот. Сначала овощи, потом рыба.

Фольгу хорошо завернуть.

Выложить на противень, поставить в духовку.

Запекать при температуре 180 градусов, около часа.

Приятного аппетита и крепкого здоровья!

Тыква

Осенью на базарах появляется большое разнообразие фруктов и овощей, выращенных дачниками на своих участках. И тыква пользуется заслуженной любовью у населения. Красивая и полезная.

Если заглянуть в энциклопедию, то можно узнать, что тыква растет в теплом климате Азии, Африки и Америки.

Тыква – древнейший экзотический овощ. На протяжении веков его выращивали на своих плантациях индейцы Мексики, знали о нем и древние египтяне. В Европе тыква появилась лишь в начале XVI столетия. И только в прошлом веке тыква распространилась по всей планете и получила всемирное признание.

Различают много сортов, как дикорастущих, так и культивируемых. А самое главное – тыква очень полезна. Применяется в детском и диетическом питании.

В древние времена тыкву широко использовали для лечения заболеваний почек и печени, подагры и сопровождающихся отеками болезней сердца, применяли при нарушениях деятельности кишечника. А недавно индийские медики установили, что плоды тыквы можно с успехом применять для лечения туберкулеза.

Посмотрим, чем полезна тыква?

В мякоти столовых тыкв содержится от 3 до 5% сахара, 0,6% минеральных веществ, около 1% белков и столько же пектина. В тыкве высокое содержание каротина (до 1,5 мг%), наличие которого обусловливает желтую окраску мякоти.

Среди минеральных веществ основное место занимают соли фосфорной кислоты, которая играет большую роль в обмене веществ в организме человека. Богата тыква кальцием, железом, особенно калием

(17 г/л). Обнаружены в ней и такие важные микроэлементы, как медь, кобальт, магний и органические кислоты.

В пищу употребляют физиологически спелые плоды. Перед приготовлением блюд плод моют, очищают от кожуры, разрезают вдоль на части, удаляют все семена и волокна. В зависимости от использования нарезают тыкву кубиками или ломтиками. Для употребления в сыром виде выбирают наиболее молодые и нежные плоды.

А теперь для примера простенький рецепт блюда из тыквы.

Тыква с омлетом.

Тыкву нарезают ломтиками, обваливают в муке и обжаривают. Приготавливают яичную смесь для омлета. Для этого смешивают яйца, молоко, соль, добавляют мелко нарезанную зелень укропа. Этой смесью заливают готовую тыкву и на 5 – 7 мин ставят в духовку.

Тыква 400г, пшеничная мука 2 столовые ложки, яйца 4 шт., молоко 6 столовых ложек, маргарин 2 столовые ложки, мелко нарезанная зелень 1 чайная ложка, соль по вкусу.

Приятного аппетита!

"Наринэ"

Еще в древности было отмечено положительное влияние на организм человека кисломолочных напитков, представляющих собой сквашенное молоко. Уже тогда были хорошо известны его прохладительные, утоляющие жажду, целебные, тонизирующие и умеренно хмельные свойства.

Старейшими напитками этой группы признаны кефир и кумыс, самым молодым – ацидофилин.

Кисломолочные напитки своим происхождением обязаны определенным бактериям, грибкам, дрожжам. Под их воздействием лактоза молока частично превращается в молочную кислоту, этиловый спирт, а белки свертываются.

В кисломолочных напитках содержатся минеральные вещества (кальций, фосфор, железо), витамины (А, В1, В2, РР, провитамин А). В диетическом отношении все кисломолочные напитки отличаются хорошей усвояемостью белков и высокой биологической активностью. Они богаче натурального молока витаминами группы В, обладают выраженным антибактериальным действием, реже дают аллергические реакции. Расщепление белка цельного молока идет медленнее, чем белка кисломолочных напитков. Молочная кислота и небольшое количество алкоголя (около 0,6%) повышают желудочную секрецию.

Если в свежее молоко ввести закваску из чистой культуры ацидофильных бактерий и все это выдержать в определенных условиях необходимое время, получится кисломолочный ацидофильный напиток. В 100 г такого продукта содержится 100 млрд полезных микроорганизмов.

Это те самые микроорганизмы, о которых выдающийся русский ученый лауреат Нобелевской премии Мечников И.И. сказал: «В числе полезных бактерий почетное место надо предоставить молочнокислым бациллам. Они вырабатывают молочную кислоту и таким образом мешают развитию масляных и гнилостных ферментов».

В группе кисломолочных напитков наиболее выраженным профилактическим и лечебным действием обладает продукт «Нарине». Его преимуществами является простота получения в домашних условиях, хорошая переносимость, возможность постоянного введения в пищевой рацион и невысокая цена, имеющая в наше нестабильное время не последнее значение. И самое главное – каждую порцию готовят своими руками, используя при этом проверенную закваску.Прежде всего, необходимо выделить его основное действие, а именно восстановление нормальной микрофлоры кишечника. При приеме «Наринэ» в кишечнике увеличивается количество анаэробных микроорганизмов – бифидумбактерий, молочнокислых бактерий, кишечной палочки, нормализуются свойства последней, уменьшается количество условно-патогенной микрофлоры – следовательно, восстанавливается биоценоз кишечника, ликвидируется дисбактериоз – основа многих болезней.

Кисломолочный напиток «Наринэ» больной может ежедневно включать в свой пищевой рацион в течение всей жизни, ибо это натуральный продукт, а не лекарственный препарат. Кроме того, стоимость сухой закваски, необходимой для приготовления напитка, ниже стоимости бактериальных препаратов.

С помощью «Наринэ» больные могут регулировать деятельность кишечника. Понос чаще прекращается при восстановлении микрофлоры кишечника. При запоре рекомендуется добавить в стакан напитка, принимаемого на ночь, растительное масло (1 столовую ложку) и тщательно его размешать. Но в ряде случаев при приеме напитка стул улучшается и без добавления растительного масла.

Были опубликованы результаты предварительных исследований, проведенных ведущими японскими фармацевтическими корпорациями. Как сообщает японская пресса, кисломолочный напиток обладает выраженным антиканцерозным (противораковым) действием. Комплекс биологически активных веществ такого напитка, по мнению японских врачей, стимулирует защитные силы организма человека. Этот комплекс может резко повысить активность и выработку особых видов лимфоцитов против атипических клеток. Иными словами, составные части кисломолочного напитка стимулируют превращение определенных белых кровяных телец в охотников за раковыми клетками, которых они и уничтожают. Поэтому «Наринэ» надо включать в пищевой рацион любого здорового человека независимо от возраста. Купить сухую закваску "Наринэ" можно в любой аптеке. Аннотация по применению напитка прилагается. Его легко можно приготовить в домашних условиях, главное, соблюдать чистоту. Попробуйте!

Здоровый образ жизни

Как не набрать лишний вес
Давно я не писала, но у меня была очень уважительная причина: моя старшая дочь выходила замуж. Естественно, основные свадебные хлопоты легли на плечи мам. Надо было купить свадебное платье, выбрать кафе, сделать необходимые закупки и тд. и тп.
Обычно завершающим событием является вечер и застолье в кафе. Наши люди любят покушать и выпить. И ведь что интересно: во время танцев за столом обычно остаются люди с лишним весом. Наедаются до отвала, а на следующее утро мучаются муками совести: не выдержал(а), наелся и теперь лишний вес станет еще больше.
А вот интересно: можно ли решить эту сложную задачу: получить удовольствие от застолья и в то же время не поправиться. Обычно в этих случаях советуют за 1 – 2 недели до застолья похудеть на несколько килограммов, которые потом можно набрать. Но тут опять-таки надо худеть. То есть проблема остается.
И если перед собой поставить немного другую задачу: не поправиться за вечер, то, я думаю, эта задача вполне решаема. Нужно подойти к проблеме с другой стороны. Во-первых, вкусно поесть, но выбирать что кушать, а не все подряд. Во-вторых, сжечь калорий как можно больше. С этим проблем быть не должно. Любая свадьба – это музыка и танцы. Танцуйте до упаду и расходуйте калории. Кроме того, сейчас на всех праздниках приняты различные подвижные игры. Играйте, и пусть вас не

смущает ваш возраст, обычно в таких ситуациях на возраст не смотрят. А если в результате игры еще и получите приз, то выгода будет вдвойне.

А теперь по поводу еды. Не увлекайтесь спиртными и сладкими напитками: и то и другое довольно калорийно. За молодых можно выпить бокал сухого вина или шампанского (самые малокалорийные спиртные напитки) или минеральной воды (если вы совсем не пьете). Фрукты, сухофрукты, овощи и салаты из них (желательно без майонеза) можно кушать без ограничений. Отварное мясо, морепродукты (кроме креветок), колбаса без жира, манты, бесбармак (без сорпы) и любое другое блюдо, которое отваривается или готовиться на пару – относятся к менее калорийных блюдам.

Все остальное – жаркое, плов и другие жареные блюда, орехи, салаты с майонезом – содержат много калорий. Сколько съедать их, каждый решает сам, но помните: чем меньше, тем лучше.

Главное, на следующее утро не терзаться муками совести, а вспоминать только самое приятное!

Вылазка на природу.

Этот пост может показаться совсем не по теме, но это на первый взгляд. Решать, конечно, Вам, но это будет потом. А пока послушайте. Вчера мы ездили в Аксайское ущелье за родниковой водой. К сожалению, доверять нашему городскому водоснабжению не приходится. Поэтому мы иногда берем с собою пустые бутыли и привозим домой родниковую воду.

Набрали воду, а потом решили просто погулять по окрестностям. А окрестности, я вам скажу, изумительные. Зеленые склоны, цветы полевые. И воздух – чистый–пречистый с добавлением запаха горных цветов и трав. А теперь скажите: кто из вас был недавно в горах? Я думаю, мало найдется людей, которые регулярно выезжают по выходным в горы. Заняты мы все. У кого – служебные дела, у кого-то генеральная уборка. А здоровье – оно подождет. Что имеем – не храним, потерявши – плачем. Народная пословица.

А ведь это очень простой способ оздоровления организма. Чистый воздух (особенно если не курить там), ходьба в быстром темпе по пересеченной местности (кардиотренажер и борьба с лишним весом). Обычно на природе мы все любим покушать. Так вот, если после плотного обеда погулять по окрестным склонам, то можно не бояться за свою талию в этот день.

Добавьте сюда еще и общение с близкими: дети, супруг или супруга, может еще кто-нибудь. А то ведь на них, родных, времени катастрофически не хватает. А можно на какое-то время забраться куда-нибудь одному, чтобы побыть наедине с собой. Подумать о чем-то, о своем. То же ведь времени не хватает.

А так можно совместить приятное с полезным. А если это все делать регулярно, в каждое воскресенье, то вы заметите, что меньше стали уставать в конце недели, супруга чаще стала вам улыбаться, да и дети уже терпимее выслушивают ваши замечания. Не верите? А вы попробуйте!

i want morebooks!

Покупайте Ваши книги быстро и без посредников он-лайн – в одном из самых быстрорастущих книжных он-лайн магазинов! окружающей среде благодаря технологии Печати-на-Заказ.

Покупайте Ваши книги на
www.more-books.ru

Buy your books fast and straightforward online - at one of world's fastest growing online book stores! Environmentally sound due to Print-on-Demand technologies.

Buy your books online at
www.get-morebooks.com

VDM Verlagsservicegesellschaft mbH
Heinrich-Böcking-Str. 6-8
D - 66121 Saarbrücken

Telefon: +49 681 3720 174
Telefax: +49 681 3720 1749

info@vdm-vsg.de
www.vdm-vsg.de

Printed by Books on Demand GmbH, Norderstedt / Germany